AF607443

Tejer la mimbre

Rubén Fernández Carrascosa

Aliarediciones

Corrección: Inés González Calo
Diseño de cubierta: Laura S. Ayuso
Maquetación: Aliar Ediciones

Depósito Legal: GR 1493-2024
ISBN: 978-84-10374-86-7

Impreso en España

Edita
ALIAR Ediciones
www.aliarediciones.es
info@aliarediciones.es

Tejer la mimbre

Rubén Fernández Carrascosa

Alicates

I

Mataron a Lorca,
lo mataron,
los de la cruz y las flechas
lo mataron.
¿Dónde enterraron la flor de la Alhambra?

Mataron a Lorca,
lo mataron,
los ruines de España
lo mataron
junto a las páginas muertas de la Historia.

Mataron a Lorca,
lo mataron,
los de la toga y el rezo y el anillo de sangre
lo mataron
porque cantaba a las flores de alpargata yerma.

Mataron a Lorca,
lo mataron,
¡los fascistas
lo mataron!

II

Del mar, del mar
las más altas soledades.
Primeras y últimas
cumbres del corazón.

Más abajo
donde tus ojos
pueden abarcar el horizonte,
un sinfín de caminos
que recorriste
para llegar a ti
sin ahorrarte nada.

Tu última soledad
es la más bella.
El azul del cielo la envuelve
en un regalo finito.

¿De dónde proceden
las soledades más profundas?
Del mar, siempre del mar,
del mar a tu corazón,
del abismo de tus ojos
enfrentados a la vida.

La noche es fría
y tú, estás dormida,
elíptica y bella.
Tus caminos reposan

tendidos de una cuerda
expuesta a las estrellas.

El amor es el peligro
más hermoso,
el fuego que más quema,
el abismo más profundo.

En los jardines de Viena
hay sonrisas de Danubio,
golondrinas sin rumbo
y sin destino.

Hay una brisa encantada por Mozart.
Un emperador convertido en estatua
golpea, como un mimo, el tiempo
sin obtener respuesta.

En los jardines de Viena
suena un violín judío
y un cante gitano.
Ya no hay cocheros
que lleven a las princesas.

Hay operetas de filosofía
y las musas desfilan en minifalda
evitando las esfinges.

En los jardines de Viena
las parejas se meten mano
bajo los manteles
posados sobre la hierba.

Hay un Claro de Luna
un Beethoven dolido,
y una rosa amarilla
que reza.

En los jardines de Viena
los pobres retozan,
como dioses ambulantes,
sus cantares homéricos.

Hay una Europa
que nace...
y una fábula que crece vieja
en los jardines de Viena.

III

El tajo en la cara que tengo
me lo hizo una mujer
celosa, morena de infierno,
la más guapa del burdel.

Ansiosa de macho hipertenso,
dominatriz sin cuartel.
De fusta afilada, navaja y liguero,
con tacones de punzón.

Decía quererme y no quiero
ser su eterno polizón.
Me vio bailando con otra
Por una cabeza de Gardel.

Acercose con un pequeño revólver
que no me hizo detener.
Cunita y sacada con la otra
boquiabierta se quedó.

Decidió enfundar y sacarse la faca
y en mi cara flaca arremetió.

Morena de pechos de infierno
llevo en mi cara tu dolor
por los siglos de los siglos te amo
como la cruz que me tocó.

Y ahora que acaba este tango
Morena, y la noche parpadeó
en tus ojos de grela me quedo
Morena, soy tu bandido bandoneón.

IV

Es diciembre en la calle vieja.
El frío tiene forma de ábaco
como la lira hermética.

Las pequeñas canciones
que desprenden los árboles
se escurren en los toboganes
del aire, cayendo alegres
como flores
sobre las luces recién casadas.

Hay susurros de eternas leyendas
como la que escribió el mundo
sobre la cabeza del cielo.

Y una hora punta con lazos de bronce
recorre erguida la distancia
hasta desaparecer en alguna parte.

Las sombras aún son jóvenes
y se aventuran en el arte de los pinceles
con su belleza acrílica y despreocupada.

La estrella polar se disuelve
en el café del firmamento.

Y unas manos de afluentes misteriosos
posan su sombrero en el suelo ártico.

«¿De quién es ese sombrero?», se preguntan los gorriones.

—Es del señor Mirlo —uno responde.
—Pues yo creo que es de la Urraca —responde otro.
—Os equivocáis —dice el tercero…

—Es el sombrero del Vagabundo.

V

De sensaciones amargas
está lleno el mundo.
Mas no por eso
el oro se funde.
La melodía existe
en cada rincón
de la melancolía.
No hay un manual
para endulzar la vida
pero sí un instrumento
para volverla bella.
Una herramienta invisible
una barca sobre el océano,
un timón para tu destino.
Rema sobre las olas de lo incierto
pues lo único cierto es el viaje
y no importa cuánto tardes
en llegar a la orilla que no existe.
Desde aquellas cuevas
donde dejamos impresas
nuestras manos con arcillas.
Los grandes bisontes
el fuego y la lumbre.
El tiempo ha forjado algo grande.
De uno a uno somos pueblo
y formamos parte, sí,
formamos parte
de una historia interminable.
Y llevas el fuego y la lumbre
en tus nuevas manos arcillosas.

Llevas el tiempo
y su eterna semilla.
Esa lumbre y ese fuego
encienden el rayo
de tu consciencia.
Y tu esencia es amplia
más allá de la amargura.
Camina sobre el yermo infortunio
y quémate los pies de soledades
que ya hay una lumbre
encendida para ti
donde calentarte.
Busca en lo profundo
de tu nombre
y encontrarás algo dulce...
quizá los sueños
de la niña o el niño, que fuiste,
quizá el abrazo de tus padres.
Y vuelve bella la melancolía.
Vuelve entonces a quien fuiste
mucho más lejos del ahora
y lo amargo se quebrará
porque nada resiste al tiempo.
Los recuerdos
quiebran aquello que hace daño.
Son la magia de lo insondable
porque puedes viajar a través de tu corazón
para cambiar el rumbo del viaje.

VI

Si quieres cantarle al olvido
ponte tu mejor traje.
Erató te ofrece su mano
y sus ojos para engalanarte.

Desde el arroyo al río
y en la fuente escucharte...
frías son las aguas de diciembre
frescas para enamorarte.

Si quieres cantarle al olvido
ofrécele un regalo al bosque.
Deja apoyada sobre
el canto de un Petirrojo,
tu máscara trágica
para Melpómene.

Los árboles reirán contigo
y las Alseides te besarán dulcemente
los labios, con su fragancia de castañas.

Si quieres cantarle al olvido
ponte tu mejor traje.

VII

En el parnaso de los días
tejidos los sueños
con hilos de agua,
las hijas de Nereo
trenzan los ríos al océano.

Las Dríades abrazan
el corazón de la Tierra
en llamas.

El dulce canto de los árboles
donde tu nombre
amanece en un nido
con ramitas de brezo, te amo
con flores blancas.

El collar de zafiros
que luce Hera...
La gargantilla esmeralda
de Artemisa...
El anillo de diamantes
de Afrodita...
Y yo
con mi cestilla de mimbre
donde mis sueños toman forma,
le llevo un regalo a Tyche,
una diadema de Anfítrite
para que me acerque a la orilla
donde tus besos reposan.

¡Ay, lunares blancos regala el cielo!
¡Para tu vestido de agua!
¡Quiero yo tus labios
junto a los míos!
¡Quiero yo besarte
como se ama!

Caminos de manzana
en tus caderas desnudas.
Marejada de amapolas
con pétalos de orquídeas.
Un verso de Neruda
con siluetas de Lorca,
y una barca
y unas olas.
Un te quiero
y un tequila.
Huelo en tu pelo
el romero de tu morería.
Tus lunas de saúco...
¡Ay, noches en vela!
¿Cómo serían de redondas
las puertas de tus ojos
sin el fuego que las quema?
Senderos de aceitunas...
Helechos de cuarzo rosa.
Y bajo la seda del aceite esmeralda
tus pechos me esperan
como océanos en el cielo
para descargar su tormenta.

VIII

La vida duele dos pasos.
Dulce y amargo, son.
Cada uno es un destino.
Si derramas tu vino
que sea en una canción.

La vida embriaga en dos vasos.
Uno de vino y otro de ron.
Y entre medias, cartel de luna,
recodo de nalgas, ventanas abiertas
y tu perfume sobre mi pasión.

A mí me cuesta creerte
cuando me miras con locura.
Esa parte tuya
desnuda y oscura
me quema de muerte.

IX

Me cuesta creer que un día me dejaste.
Roto el espejo y derrumbado el puente.
El río parece quieto
pero siguen volando los pájaros
a través del cielo.

Y te recuerdo alegre
en ese azul nuestro.

Hay verdad en las pequeñas cosas
y en los pequeños gestos.

Me cuesta pensar en ti
sin una sonrisa brillante.

Entre el dragón y el vuelo
me quedo en el vuelo
de la armónica,
en tu voz calmada
en un susurro nocturno.

Me cuesta creer que un día te perdí
como se pierde un sueño...

X

De un día para otro
me encuentro en una cordillera
de presagios fugaces.

De un día para otro
tan oscuro e insomne.

De un día para otro
mi amor se viste fúnebre.

De un día para otro
también se viste de gala
para recibirte.

De un día para otro
te pienso tan cerca
como alejada.

De un día para otro
me duele la tarde
y la mañana.

De un día para otro
escucho tu voz
con mi nombre.

De un día para otro
olvidaste encontrarme.

De un día para otro
soy un estante
de libros.

De un día para otro
me quedo quieto
como una nube
en el desierto.

De un día para otro
te quiero
y deseo.

De un día para otro
soy la misma promesa.

De un día para otro
espero tu abrazo
diciéndome nada
y curándome el tiempo.

De un día para otro
me sumerjo en la misma noche
donde nos conocimos.

De un día para otro
te amo tan serena
y escarpada.

De un día para otro
pudiera ser otro día
donde tú y yo
volviéramos indemnes
nuestros besos
de aguaclara.

XI

No cambiaría nada
por haberte conocido.

Ni las horas
ni el preámbulo,
donde aguardaba
una cerveza negra.

No cambiaría nada
por esa suerte de encuentro
entre dos soledades cósmicas.

Fugaces como somos
adheridas al silencio.

No cambiaría nada
por haberte conocido,
ni el dolor de ahora
ni los besos de ayer.

No cambiaría
ni una sola canción
que escuchamos juntos,
ni aquellos poemas
que susurraba
a tu alma
sobre la hierba.

No cambiaría nada
por haberte conocido.
Aunque mi verano acaba
pues me llama el otoño
a ese dorado encuentro
donde todo se olvida.

Tu recuerdo permanecerá en mí
en esa parte indestructible mía
que se llama corazón.

XII

Para mí
todo lo que arde
a llama lenta
en un tronco de olivo.

Una respuesta
encendida
y envuelta
en el silencio.

Para mí
esa forma tuya
de lumbre blanca
y estaños doloridos.

Esa quemadura
que solo cicatriza
cuando estamos juntos.

Para mí
las palabras
que tu corazón desprende.
Las que todavía
no me has dicho
y no pueden arder
sin mi aliento, lentamente.

Para mí
si quisieras, tu arder lento,
tu arder lento,
para mí,
si tú quisieras.

XIII

Hay un tequila
para cada
fuga de mi boca.

La fuga que calla
la fuga que piensa
la fuga que siente
tu inusitada huida.

Hay un tequila
por cada error cometido
y un brindis salado
por cada ausencia.

Hay un chocar de vasos
por cada lágrima
y una voz al cielo
por el tiempo
que nos queda.

Hay un tequila
para cada
fuga de mi boca.
La fuga que ama
la fuga que muerde
la fuga que duele
dolores de agave.

Hay botellas de luto
para nuestro amargo duelo.

Y calaveras cristalinas
para nuestro corazón.

Hay un tequila
para brindar contigo
y besarte lo que te quiero
fugándonos tú y yo.

Hay noches que pierden...
la noción del tiempo,
y todo lo que es negro
corta como un cuchillo japonés
pero sin llaga ni cicatriz.

XIV

Si buscas a un hombre
aquí tienes a un león oscuro
como las medias oscuras
de tu mente subterránea.
Dispuesto a enriquecer tus deseos...
y tan afilado
como el extremo circunferencial
de la luna llena
profunda y blanca
en ese espacio indemne
al pasar por el mundo
sobre un fondo azabache.

XV

Esos ojos a media luna
tan cósmicos
como la galaxia de Andrómeda...
y tan míos
que sin mí
solo verían
aquello
que no existe
conmigo.

XVI

Si te pusiera un clavel en el pelo
y tú me miraras,
y tú me miraras,
te diría dos veces te quiero
una por ti
y otra por tu mirada.

Si te pusieras un clavel en el pecho
queriéndome,
que estás enamorada,
yo te empujaría los besos
hacia mi boca afortunada.

XVII

Noches de ron,
pestañas de soul,
rock infinito
en esos tangos gastados,
en esos ojos tan bien gastados
y que pierden
y encuentran
lo que haya que encontrar
y perder...

XVIII

Solo es el viento,
recuerda,
solo es el viento.
Cuando pases por la vida
y tu memoria sea la raíz del tiempo,
recuerda que solo es el viento
lo que queda de nosotras.
Cuando estés pausada
como una hoja sobre la hierba.
Cuando tengas la frescura del arroyo.
Si desprendes el oráculo redondo
de una estrella mecida en tus ojos,
recuerda,
solo es el viento
lo que queda de nosotras.
Solo, es el viento
solo es el viento,
recuerda.
Cuando la suma de tus pasos
te lleven a ti misma
y en esa fracción de mundo
la tristeza y la alegría
tengan forma de murmullo,
escucha a tu corazón celeste
recuerda siempre,
solo es el viento
lo que queda de nosotras.

XIX

De diez en diez
de vez en ti,
esa corta
línea recta
del puente elevado
y el mar abajo.
Sin tejado
las nubes,
sin palabras
las manos.
De diez en diez
de vez en ti,
el archivo desnudo
donde bebo descalzo.
En las pirámides
de cera
a la vuelta de un orgasmo
y una voz
envuelta
en papel de azucarillo,
de diez en diez
de vez en ti,
nunca hay
un de vez
en cuando.

XX

En esta copa
de *jazz* noctámbulo,
Chet Baker y Johnnie Walker
rompen los cristales de acero.
Podrías ser un dulce *bourbon*
y yo un ciempiés malhumorado
pero solo me alcanzan dos botas
y un trago amargo.
Si tuvieras cuatro rosas
y yo tijeras en los labios
con nocturnos escritos
para formarte un piano,
te cortaría las lumbres
como se corta un candado.
Baja las notas
y abre las piernas,
derrota al fuego
y muerde las sábanas.
Acaricia la muerte del jadeo
y deja que me hunda contigo
en la fosa.

XXI

En esa cálida fractura
redondeada por el agua
y un viceversa,
la mayor parte del tiempo
está pausada
como una abeja
en el celo del estambre.
Te comparto las grietas
y las miradas de gato.
Somos el instante
de un menguar de hojalatas,
de río a mar tu nombre
llego a la noche descalzo
con la paz en una llama.
Hemos hecho una hora
y otra, y más, con solo minutos.
Así de puentes somos
recorridos por los aires,
y el pajarillo que yace
con las alas extendidas
al pie del camino
ya cerró tus esquinas
y abrió tus pasos.
¿Cómo de grande
es el tiempo?
De tanto buscarte
me vuelvo invisible
y dejo mi reflejo
tendido en el agua.
Voy con mi sueño

no sé dónde,
me lleva cada vez
más lejos
borrando mis pasados.
Y al abrir los ojos me espero
y llego pronto
y me estoy esperando.
Sigo estando
de una magia a otra,
salto de rana
de la cama,
miro la cara de mi madre.
Mi perrito me espera
me pongo la correa
y me saca a la calle.
De tanto pensar ladro
y los ojos se me llenan
del verde de los árboles.
Vivir, ¡qué bonito verbo!
Vivir estando.

XXII

Me suena
ese rumor del estío,
el rozar de azul las guitarras,
el temblor del aire,
el calor del agua.
Me suena tu cara a río
cuando tengo hambre.

Me suena
esa canción de tus bailes,
tus sandalias mojadas,
el otoño distante,
el principio de página.
Me suena tu cara a río
cuando tengo hambre.

Me suena
la campana de las doce,
la puerta que se abre,
la ventana cerrada,
el gazpacho siguiente.
Me suena tu cara a río
cuando tengo hambre.

Me suena
la sombra,
me suenan las gafas,
me suenan las piernas
cuando voy a encontrarte.
Me suena tu cara a río
cuando tengo hambre.

XXIII

Volteando pretéritos ando
entre seremos, somos y soy.
Recogiendo bolitas de versos
con mis sandalias de escarabajo voy
a llevarlas a algún lugar secreto
donde crezcan los verbos que doy.

XXIV

Mejor que no
a nada que no asombre.
Un Quijote en globo
sobre el Congo.
Una calavera reina
del ajedrez.
Verne sobre Rocinante.
Poe con dolor de muelas.
Mejor que no
a nada que no asombre.
Borges bailando salsa.
Neruda presidente de Chile.
Cortázar en Woodstock.
Bolaño sin cigarrillos.
Mejor que no
a nada que no asombre.
Kerouac en patín eléctrico.
Márquez sin flores.
Hemingway bebiendo mosto.
Poniatowska en la taberna.
Mejor que no
a nada que no asombre.
Países sin guerras.
Gente sin hambre.
Niños en escuelas.
Un mundo sin escritores.
Mejor que no a nada
que no asombre.

XXV

Existes,
más allá
de que te piense
como un todo indescifrable,
estás ahí
envuelta en tiempo,
con la cintura descalza
y las manos en sombra.
Tu atmósfera es serena,
concentrada en tus ojos
nada te atraviesa
salvo el deseo
de tenerme.
Pero yo no existo.
Soy un ser onírico
que recorre tus sueños
para encontrarte
y traerte de vuelta.
En la secreta espalda del cosmos
crecen las yemas luceras,
y donde antes pusiste la boca
ahora medra la luna nueva.
¡Ay, flor negra del Perú que llevas,
del azar cometa
en el balcón de Hera!
Pegada a tu tile
mi distancia,
en el anexo de tu aurora
y mi ensueño,
más allá de que te piense

y que me tengas,
soy quien une tu espejo
a la existencia
y el que nunca
podrá tenerte.

Cinta Métrica

A donde va el pasado hay ventanas abiertas.
A donde va el futuro hay puertas subjuntivas.
¿Y hacia dónde se dirige la gente del puente sobre el tiempo?
Hacia un olvido y un renacimiento.
Hacia una infancia y una madurez.
Hacia la fórmula y la respuesta.
El resultado del ahora, es la suma del ayer y el mañana.
Eres ahora como fuiste ayer y serás mañana.
Siempre irás y vendrás, a alguna parte.
Hay un hecho que no se puede reducir, y es la vida.
Hay un viaje paralelo al cosmos y son tus pasos sobre el tiempo...
El corazón absorbe y proyecta la luz, a escala de hormiga y planeta.
Y en el cosmos de tus ojos hay un agujero negro que no proyecta.
Voy hacia donde vuelve el pasado, camino hacia donde vuelve el futuro.
Y en este espacio sostenido sobre raíces de tiempo,
deshago las órbitas del crepúsculo.

Un día cualquiera en las calles.

Caminas por una galería de conexiones, y todo parece inalámbrico en una situación precisa. Diriges tu tiempo hacia algún lugar, aunque ese lugar no exista o esté en construcción, hay una forma en lo que parece ser.

Hay una decisión silenciosa y celular, en cada imagen. Un brillo callado, una mirada hacia algo o alguien. Recordar o imaginar, pequeños verbos sumergidos en la abisal frontera entre lo real y lo constante.

Se acumulan las causas y ya ni sabes dónde ponerlas. Nunca una verdad acumula polvo, siempre hay alguien que la utiliza a cualquier hora y en cualquier lugar del planeta.

Lo importante no lleva *dossier*. Si crees que eres impune, te equivocas. Tienes los días contados como todos. El orgullo es una bola de acero que puedes llevar como ancla o amante.

Te sientas ahí mismo, piensas en quién mostrará la esquina, no la que tienes enfrente sino la esquina de la memoria, y tu mente sonríe. Ese lugar cuántico que compartes con el tiempo, está lleno de espacios sumergidos. Si decides salir a la superficie es para expulsar el aire. Eres una gran ballena y a la vez, eres el océano...

Luces interminables.
Sin grandes telescopios y con pequeños espejos.
¿Quién ha contado las lunas del Universo?
Si como cumpleaños pasan por el ápside de la atmósfera.
La luz viaja sin fronteras ni infinitos.
Las auroras celestes sonríen en el pequeño ocaso
que las separa de la mañana.
Y hay una canción, que viaja a través del tiempo.
Ahí te encontraré, descalza como las nubes
que imaginaron ser crepúsculo.
Aunque no quede nada, nada será...

El embrión de las oscuridades desarrolla un cúmulo estelar.
Una estrella negra de bajo horizonte y piel muerta.
El vasto infortunio del hombre.
La caucásica incertidumbre del personaje
que nace con un guion yermo.
Quienes se pierden por el mundo,
es porque buscan los universos.
Hay un ocaso para los perdedores,
llamado materia oscura.
Seremos algún día lo que nuestro corazón dictó.
Después de las ausencias, de las soledades,
después de las profundidades,
quizá en la línea de las muertes,
la luz caiga de costado e ilumine
el perfil de nuestro rostro herrumbroso.
El ocaso de los perdedores es la luz oscura de la consciencia.

Hay quien piensa con una ginebra en el rostro, y piensa bien.

También hay quien piensa con un gato encima, y no piensa mal.

El gin y los gatos tenemos en común, ese óxido ferroso que solo concede el tiempo.

Es un derecho y una izquierda.

Es una canción y un poema pero, sobre todo, un lugar común.

La misma calle con socavones, escondrijos y barras de tabernas.

Tenemos la misma cara. Cara de mangantes, de corruptos, de polis de mierda y poetas trasnochados con dolor de barriga.

No hemos robado ni un cubata, ni apaleado a ningún inepto que se lo merezca.

Pero el óxido huele a algo.

Huele a tiempo, quizá a un acorde maldito sumado a una estrofa ebria.

Deberíamos llevar un perfume preciso, el de «no me toques las narices».

Es demasiado caro para un corazón todavía noble.

En definitiva, todavía queda arte, aunque sea herrumbroso y capital del lugar común.

Te puedes quedar cojo en el intento, afónico o ciego, pero que le den por el orto a ese mundo crítico que no sabe un carajo de la realidad.

Una cerveza puede más que Platón y Bob Dylan.

La calle está sucia como la mente de un banquero.
Si traficas con dinero atente a las consecuencias
si un loco entra en tu castillo.
Dolores lleva las medias rotas,
es porque va en busca de un chute de fentanilo.
¿Y tú te preguntas qué pasa en esta maldita ciudad?
Es la fuente del capitalismo.
Un agresor sexual quiere ser presidente
y los nazis le aplauden colocados de meta.
De las alcantarillas sale Channel número nueve
y nueve son los años que pasaste en la trena por ser negro.
¿Y tú te preguntas qué pasa en esta maldita ciudad?
Es el burdel del capitalismo.
El puente de Brooklyn no aguanta el peso de tanto malnacido.
Y en Wall Street sale la coca por las grandes ventanas.
Si miras al cielo nunca verás un ángel,
pero ten cuidado de pisar a alguno.
¿Y tú te preguntas qué pasa en esta maldita ciudad?
Es la fuente del capitalismo.

El sencillo gesto de sonreír se convierte en arte en sus labios.
Veo un cisne rojo, suspendido
sobre la belleza acuática de su rostro.
Besarla, es adentrarse en su bosque
iluminado por la hierba y la serenidad.
La sensación de respirar aire libre
en su boca me hace sentir manantial.
No es fácil ser un árbol y que nadie te hiera.

Día uno de castañas y lanas.
De nuevos amores y violines al atardecer.
Y huele tan nuevo como un libro
y tan dentro como una bonita y triste canción.
Noviembre tiene un lunar
entre el espejo y la estrella.
Y si te asomas al despertar
verás las flores primeras.
¡Ay, amor; ay, amor!
¡Cuánto noviembre me espera!

Tus ojos son un *blues* a medianoche
y tus piernas un café expreso bien cargado.
Bésame donde tengo el alma rota
y llena de ron mi boca con tu aliento.
¿Oyes eso? Es el último metro a cielo abierto.
O me llevas a tu casa o a otro tugurio,
pero no mates mi soledad de un disparo
si no tienes seis balas en el revólver
o te morderé hasta hacerte bailar.
Estoy hecho del material de tus deseos
y la oscuridad nos hace invisibles como rocas.
Hagamos el amor en este apuñalado callejón,
donde la herida somos tú y yo, supurando deseo,
arañando la sangre, agraviando al destino,
follando como vampiros bajo las lunas de Júpiter.

Punzón

Solo en la noche, el coleccionista de llaves perdidas,
sale como un sátiro de su cueva escondida.
¿Qué encontrará esta vez?
Porta un hatillo invisible y sin embargo le dobla la espalda.
Perdió la cuenta de los calendarios y las estaciones,
y desconoce su propia edad.
Sus zapatos conocen todos los caminos
y más de una vez ha salido a buscarlos
ya que suelen distraerse por sí mismos.
Su atuendo es más propio de una ardilla.
Las manos del coleccionista de llaves perdidas,
son el estuario de su vida. Y sus ojos, tan insondables...
Él busca las llaves que otros/as han perdido.
No siempre las encuentra pero cuando lo hace,
una vez localizado a su dueño/a, las devuelve
a través de los sueños de sus portadores/as.
Como no es un gordinflón vestido de rojo,
nadie nunca le hace fiestas.
Tampoco monta en camello ni va buscando dioses.
Solo recoge llaves perdidas...
Porque hay llaves hechas con los colores del fuego.
Otras están hechas de agua.
Llaves de cartón y hojalata.
Ninguna de estas llaves es de oro, ni siquiera de plata,
como mucho de cobre.
Y tú, ¿has perdido una llave?
Él te la devolverá mientras sueñas...
Deja una palabra encendida de amor en tu corazón,
para que el coleccionista de llaves perdidas,
pueda encontrarte...

El necio

Hubo una época donde la literatura asfaltaba las calles. Quienes eran escritores vivían el día a día, dispuestos a aprender y a enfocar su visión artística hacia su origen. Era literatura de asfalto y democracia. Había un deber como escritor y este consistía en devolver al pueblo su consciencia perdida. Y también existía una obligación intrínseca, la cual era tan sencilla como no cambiar de zapatos, únicamente cuando las suelas lucieran un desgaste inamovible, podrías cambiarlos.

Claro está que muchos devolvieron lo que el pueblo les pagó, y no fue solo dinero, sino también lealtad, sinceridad, dignidad.

El necio no era así, él quería más, ¿devolver al pueblo, por qué y el qué había que devolver? ¿Qué le había dado el pueblo a él, salvo penurias?

Su sueño no era ser escritor sino ser un gran aristócrata. Saborear una porción de poder, y escribir, le ayudaría a cumplir sus objetivos.

Ganó muchos premios en su pacto con la avaricia. Incluso el supuesto mayor galardón de la literatura: el premio Nobel.

No fue suficiente. Quería ser reconocido como un rey. Como el más grande. Un semidiós, un emperador de la literatura.

Y sus deseos se cumplieron. Le regalaron un país, sus buenos amigos de las grandes élites. Un país no demasiado grande para que pudiera gobernarlo sin problemas.

Tenía que ser un país europeo, claro, y sus amigos decidieron que Moldavia se ajustaría a los deseos del necio. Así fue como su majestad se autoproclamó rey de Moldavia, acabando con la democracia propia que ya existía en el país, el nuevo régimen del necio sería un absolutismo disfrazado.

Gobernó como tenía que hacerlo un monarca de su categoría. Hasta que el pueblo de Moldavia se sublevó a causa del hambre. Juzgaron al necio, y le privaron de todos sus títulos. Lo encerraron en una prisión y nunca más volvieron a dejarle escribir.

Tres tapas

En su último análisis de sangre, la doctora encontró una curiosa suma de sustancias químicas que parecían sonreír bajo la luz interrogativa de su microscopio marca ACME, ganado en un concurso de chistes de podólogos.

Resultó que estos elementos químicos sonrientes eran la fórmula de una cerveza, y cuando la doctora le preguntó qué significaba aquello, le pilló desprevenido y lo único que se le ocurrió decirle fue «Esto no es lo que parece, doctora».

Intuyó que quería lanzarle el microscopio a lo que comúnmente se llama cabeza, pero en lugar de eso le dijo que lo verdaderamente sorprendente fue que entre el ejército de glóbulos soviéticos, no había encontrado ni un solo glóbulo rojo.

Al ver su cara de sorpresa y después de convencerla de que votó a los demócratas en las últimas elecciones, se disculpó por haberle enseñado por equivocación, el último análisis de sangre de Stalin, que recién le habían traído los de Aliexpress, también ganado en otro concurso de chistes de urólogos.

El caso es que cuando la doctora logró poner orden en su mesa, le dijo que le faltaba adrenalina y que si no quería ser víctima de una muerte repentina por aburrimiento, tenía que subir los índices de los adrenolidoides, llamados así por el Nobel descubridor de esta sustancia, Alexander Javier Adrenalinovich de Sagunto.

— ¿Y qué debo hacer? —le preguntó a la doctora.

— ¿Tiene usted pareja de baile? —quiso saber ella.

—La última vez que bailé con una mujer fue en el teatro Bolshói, con la actriz que interpretaba a Anna Karenina, y resultó que era un cosaco sin bigote cuando se quitó el maquillaje a altas horas de la madrugada y me echó del taxi de una patada.

—Eso no cuenta.

—No tengo pareja de baile ni de Monopoly.

—¿A qué ha dedicado usted su vida, señor Karamazov?

—He sido analista de inversión para un fondo buitre de palomas. Ahora solo me dedico a echarles pan. Estoy prejubilado.

—No sea dramático, no pierda la esperanza.

—Esperanza es el nombre de mi exmujer. Me dejó hace cuarenta años y desde entonces no he levantado cabeza.

—¿Su exmujer se llama Esperanza?

—Bueno, ahora se llama Santa Fe y dirige una clínica de proctología en el barrio chino de Jerusalén. Tiene varios premios de Victoria's Secret y tres estrellas Michelin.

—Es muy importante que suba sus niveles de adrenalina, señor Karamazov. ¿Ha probado a ver una película de David Lonch?

—No he visto nada de Lonch porque soy vegetariano. En cambio las películas de Pedro Almotofu me encantan, pero no me suben la adrenalina.

—Bueno, en fin, le invito a cenar. —«No está tan mal, ¿no?», se preguntó a sí misma la doctora.

—¿Me invita a cenar por lástima?

—Verá, señor Karamazov, usted no es el único que tiene bajos los adrenolidoides.

—Yo solo he venido a por mi análisis de sangre y de ADN.

—Su análisis de ADN tardará un poco más, pero puedo asegurarle que usted no es nieto de la oveja Dolly.

—Preferiría que no especulase con mis sentimientos, doctora.

—¿A las nueve le va bien?

—¿Pero es que está usted soltera?

—Me divorcié hace veinte minutos, en la cita anterior.

—En ese caso, a las nueve me va estupendo.

—Magnífico, entonces que sea a las nueve y media.

La doctora le llamó para anular la cita, no la cita para su siguiente dolencia obsolescentemente programada, sino la cita de su cita. Por lo visto se enamoró de su siguiente paciente, un tal doctor Jekyll, un magnate de los barbitúricos y las ruedas de repuesto.

Karamazov, preparó un *whisky* para su perro, con dos hielos por su ascendencia Husky. Una vez que el perro se lo bebió, le comunicó su intención de cagar, así que lo acompañó a la calle para recogerle el mojón, depuesto con la elegancia propia de su raza republicana, porque nadie puede afirmar que en el Ártico exista rey alguno.

Napoleón (Napi, para los amigos) satisfecho de haber realizado sus necesidades, le pidió a Karamazov que le pusiera su programa favorito: Pasapelota, y allí se quedó tan perplejo que no advirtió su falta de presencia, ya que salió de nuevo a la calle pero esta vez sin intención de recoger otro mojón.

No había caminado diez pasos cuando se encontró a una antigua amante. Demasiado antigua y con demasiada buena vista. Le comentó que echaba de menos sus largas sesiones de sexo oral, y Karamazov le recordó que leer a Freud durante horas, no estaba considerado como sexo oral. Le dijo que era un grosero y que nunca más leería un *cunnilingus* con él.

Karamazov siguió caminando en hebreo. Luego probó a caminar en árabe, y una señora vestida de monja policial le multó por caminar en círculos en lo que bien podría considerarse como un caminar ebrio, y le dijo que volviera a su país, pero no le dijo en qué idioma, así que Karamazov se metió en un bar, no en un bar mitzvá sino en un bar de verdad, con cervezas, cabareteros, pusilánimes, bandidos, y alguna que otra mujer. Y hasta aquí se puede contar porque Karamazov no recuerda cómo acabó atado a la cama de una princesa polaca.

Si alguien me talara sin piedad como a un viejo árbol, en mis anillos de crecimiento vería una serie de acontecimientos en los cuales nunca dejé de crecer.

Cada círculo es un año, cuatro estaciones, un solo corazón y muchas raíces.

Pero hay gente que desconoce que los anillos de los árboles se forman lentamente, tan a menudo disociados de la algarabía, pero no del medio donde viven.

Cada árbol es una isla conquistada por los pájaros.

Puedes elegir sentarte a la sombra de un techado de fibrocemento, con la seguridad precisa que no te caerá una rama sobre la cabeza ni se te cagará un pájaro encima, pero qué vida tan aburrida y tediosa, no correr ningún riesgo porque el camino del cemento es tan triste como un corazón sin anillos.

After Dark

Fúmate un cigarrillo antes de palmar la noche, entonces cada calada te sabrá a vida, vengas del agujero que vengas y las historias que escuches, cuentes o vivas en tus sueños.

Todo viaje se convierte en literatura, es un regalo para alguien despierto, el humo, el *whisky*, la cerveza, el palique, todo forma parte del mismo guion: la noche.

Después de la medianoche, nos convertimos en vampiros de nuestra propia sangre, como si nos sobrase, y tuviésemos litros de donde tirar, y tiramos de nuestra alma en un estado perpetuo de confusión.

En la oscuridad somos reyes de nuestro destino y da igual el dolor que te duela, todo tiene el mismo sabor.

Después, hay una seguridad innata, reflejada en cada trago y en cada poema absorbido.

Eres tú el tipo que está de pie ante tu propia adversidad donde los juicios están exprimidos hasta no dejar nada.

En esa oscuridad te presentas a ti mismo tan breve como un héroe de la *dark*.

Todo da igual, los reflejos son comunes. Se trata de convertir la tristeza en sabiduría, compartir el humo y el sabor.

Sí, somos almas perdidas tras una barra que toma la forma de infinito temprano, y suena muy bien lo que contamos porque en ello va nuestra vida y podemos manejar el mundo en frases cortas.

Sí, todo forma cierta calma y cuando llega el amanecer aunque estés igual de abandonado, la luz del nuevo día te convierte en un nuevo ser, curado, malherido y con gafas de sol, pero llevas la sangre de todos en cada palabra y eso te convierte en un jodido asceta del *dharma*.

Si todos estamos vencidos hemos ganado las medallas de la derrota. Eres tú, nadie más, el que arde en cada rincón del mundo, con una cerilla de gloria...

Creí conocerla en el mismo lugar porque estábamos sentados muy cerca. Ella en principio me pareció una mujer de serie española: chica llega a bar, chica se sienta cerca de chico porque le parece mono, chica espera que el chico se presente. Y yo sigo el jodido guion, ese que han escrito desde arriba o desde donde vayas tú a saber.

Apuro mi soledad y mi cerveza negra, pido otra y casi inadvertidamente me planto en un segundo delante de ella.

Sonríe cuando le digo mi nombre y al parecer se siente tan a gusto que me dice el suyo.

Su sonrisa embellece su rostro, es una chica para sonreír, pensé, no para estar seria.

El paso del tiempo, los dolores, las drogas, los desengaños y más drogas, cambian el rostro de las personas y su luz exterior, esa que percibes desde tu propia oscuridad.

Seguramente fue guapa hace tiempo y todavía conserva un poco de aquel tiempo.

El caso es que ella vivía continuamente en otra ciudad situada en el exterior de nuestro planeta. Tardé en darme cuenta que vivía en Alphaville, donde está prohibido tener sentimientos profundos, y quiso matarme por eso, tan acostumbrada como estaba a asistir a ejecuciones públicas de quienes derramaban lágrimas.

No buscaba el amor, porque el amor en Alphaville no existe. Únicamente buscaba otra víctima...

Y sería yo, un tipo mono con aire vagabundo y solitario, de a los que gusta arrancarles el corazón porque es lo único que tienen.

Cualquier detalle en la literatura es importante.
Rodajas de naranja en el ron.
Amigos discutiendo sobre música.
Tardes que se alargan en una fotografía neoexpresionista.
Conciertos que se vuelven oxígeno.
Palique de política y religión.
Distancias que se acercan. Rotondas de espíritu.
Festivales de palabras. Cervezas abiertas.
Cigarrillos interminables. Chupas que se pierden y encuentran,
como los viejos amigos.
Cuando la vida se convierte en literatura...
y todos nos resumimos de alguna manera.
Porque nos podemos resumir en cualquier momento.
Lo que sentimos y amamos. Lo que nos destruye y construye.
Y así, tan vivos, tan fuertes, tan embridados de la vida,
que el arte nos convierte en humanos.

Cualquier sometimiento de la voluntad de ser libre, siempre me ha parecido una aberración. Realmente todo está impregnado de incapacidad, menos la naturaleza y el arte. Las ciudades reflejan la inutilidad de las incoherencias. Todo está lleno de cemento como si fuera el gran logro de la civilización moderna. Y realmente ¿qué se ha logrado? La amenaza constante de quienes quieren destruir la libertad. Su sombra siempre al acecho esperando la oportunidad de la destrucción.

Sagittarius devora el Tiempo en el corazón de nuestra galaxia...

No te preocupes por nada, ya que nuestro destino es alcanzar el corazón de Sagittarius, y ni los dioses serán ya inmortales.

Lo que perdurará será la fusión de nuestros átomos si ahora nos amamos con la luz de nuestra Estrella sobre este planeta verde y azul... y quizá en otra vida seamos un planeta iluminado por las musas centelleantes, que calientan la eterna oscuridad ante el frío cosmos.

Andrómeda también llegará a su fin pero eso no le impide abrazarnos. Sabemos nuestro final y aceptamos expandirnos a lo que fuimos en principio porque podremos ser con los seres que hemos amado, una misma forma, y es la más alta muestra de amor que el Universo pueda concedernos...

No temas, volverás a ser, volverás a amar si lo haces ahora. ¿Amaste a tu madre, a tu padre y a tus hijos e hijas? Volverás a ser con todos ellos y ellas. ¿Amaste a tu compañero o compañera de vida? Volverás a ser con él o ella. ¿Amaste a los animales? Hay un regalo hermoso al final de todo camino. Mientras más ames, más fuerte serás y más podrás unir...

Y quién sabe, alguna eterna noche podrás ser tú quien devore el Tiempo junto a quienes has amado.

Me gustan las malas decisiones.
Entendiéndolas como mis mejores errores.

Me gusta ese lugar donde la realidad desemboca en lo surreal, y de una piedra sale un libro, y de un libro un árbol frente al espejo que refleja tu cama y tus sueños.

Me gustan las malas decisiones si tienen nombre de mujer. Mis errores bellos, ardientes, pasajeras de un tren con destino a una sola parte del mundo, a una cama donde converge la improbabilidad hasta la última gota.

¿Y qué? ¿Somos algo más que estrellas bañadas en fuego?

Quizá haya un solo error de mi vida, o a lo mejor mi vida se conforma de errores que encajan en una estantería de orgasmos. Es tontería pensar demasiado porque los pensamientos son aires que ya existen ahí fuera, al otro lado de las puertas.

¿Eres el error que necesito?

Hasta la última gota, querida...

Existe un defecto de forma en esto a lo que llamamos vida. Y es que puede acabar en cualquier momento.

Por mucho que no quieras, aunque te escondas en el agujero más profundo de una cueva, ese defecto de forma acaba encontrándote. Y no es como quien encuentra una moneda de cierto valor, cuando el defecto de forma te encuentra, acaba contigo.

Hay una «sin piedad» en el despistarse.

Y mejor es no dar con un psicópata gobernante del país de la locura.

El defecto de forma también encuentra a los asesinos, y quién sabe si ellos se encontrarán con sus víctimas, y estas le pasen la factura. Porque en la muerte también existe ese defecto de forma, pues no sabes qué puerta conduce a qué camino.

Estamos rodeadas/os de incógnitas tanto en la vida como en la muerte, y mejor que sea así, que existan estos defectos de forma... aunque duelan de cualquier manera.

La tarde discurría en su leve danza de sombras.

El claro azul del cielo, no presagiaba nada fuera de lo común, ya fuese un tornado, una inundación o una invasión de teléfonos móviles voladores dispuestos a absorber el abdomen de los humanos en un indiscriminado ataque de liposucción.

Caminaba siendo parte del engranaje de un carro y a la vez, quien tiraba de él.

Siempre he tenido algo de burro, y la herencia metafísica del mundo, quiso identificarse conmigo de la manera más directa y ebria.

Mis pasos me llevaron hacia la plaza de la catedral.

Para mi sorpresa, vi algo oscuro y flotante en el centro de la plaza. Permanecía suspendido en el aire, inerte a la fuerza de gravedad y sin embargo, atraía hacia sí toda clase de objetos, personas y hasta la luz.

Era un agujero negro del tamaño de una sandía.

Casi me vi impulsado hacia su horizonte de atracción pero conseguí agarrarme a tiempo a una farola, como un borracho vespertino.

No podía creer lo que veía, ¿estaría alucinando? No, era real.

Vi cómo aquel agujero negro se tragaba a una señora y a su carrito de la compra. También se tragó a varios repartidores, a varios coches y motos, y hasta al alcalde que pasaba por allí.

No había forma de ver lo que ocurría dentro de esa sandía negra. Se lo tragaba todo. ¿Todo?

En ese momento salió de la catedral un obispo y toda una suerte de curas, frailes y sotanas de diversos colores. Y también fueron absorbidos por aquella sandía oscura y enigmática.

Hubo un revuelo de peluquines, sotanas, joyas, y hasta de ropa interior de dudosa procedencia.

El caso es que, a los pocos minutos de haber sido tragados, el agujero negro los escupió, lanzándolos bien lejos, y al momento, desapareció y solo quedó suspendida en el aire, flotando sobre sí misma, una hoja de reclamaciones en la cual, en forma de bando municipal, se le requería al Ayuntamiento de Jaén, el pago de una multa por la absorción de átomos radioactivos en forma de clero.

El Universo, en un alarde de sus enigmáticas aptitudes, había expulsado de sus misterios a toda esa pandilla clerical, pero siendo que los propios átomos radioactivos se habían ordenado de manera diferente al ser absorbidos y posteriormente escupidos, crearon formas cubistas de lo que anteriormente podría considerarse como obispo, cura, fraile, etcétera.

Así pues, estos seres, en su nueva conformación atómica, tenían el rostro y el cuerpo desordenado de tal manera, que un grupo de críticos de arte que pasaba casualmente por allí, profuso serias proclamas de acción desleal con lo que inmediatamente dispusieron una denuncia por violación del derecho moral intrínseco a la obra de Picasso.

Digamos que encuentras entre los botellines vacíos de un rincón de tu cocina, un diario que nunca escribiste, pero joder, lleva tu letra así que debió ser tuyo en algún momento.

Y como está al lado de los botellines vacíos, vacía está tu memoria pero no tus sueños.

Lo que te queda para ti, es llevar esos malditos botellines al contenedor de cristal, y te cabreas, porque podrías estar escribiendo mientras tanto, pero como no lleves los malditos botellines al contenedor, vas a quedar como un vago y un pichafloja.

¿Y quién quiere quedar como un vago y un pichafloja?

Los llevas como un necio porque no hay partido y lo que más te importa en la vida es escribir y reciclar.

¿Así que tú también reciclas?

¿Y a quién le importa tu maldito diario?

¿Qué chorradas ebrias habrás escrito?

¡Lleva los malditos botellines ya, joder!

Y si no, olvídate de lo mejor de la vida.

Y después de una noche afrontando nuestra propia soledad, en ese espíritu de taberna confrontado frente a una barra y un vacío y un no llegar, ni siquiera con ese público de botellas llenas, en esa positividad superflua, seguimos sin llegar a ninguna parte pero es un viaje en medio de un océano, y en no llegar está el camino, porque ya hemos llegado aunque nos sucumba la duda.

Hemos llegado a nosotros mismos y no hay nada más allá.

La isla no tiene forma, ni siquiera la rodea un océano.

En este naufragio no se pide ayuda porque es bien sabido que no hay escapatoria.

No se puede escapar de uno mismo, no podemos crear un segundo naufragio.

Si la brújula estaba trucada, solo es un pensamiento de la noche. Hay que seguir, más profundo, hasta que no quede nada entre ti y ese océano invisible.

Cuando sientas la sal en tu sangre, verás cómo llega la tercera tempestad, y si logras sobrevivir a la inmensa fuerza del tiempo, únicamente te quedará un momento más y un hasta pronto.

La naturaleza te absorberá como si nunca hubieras existido.

¿Y qué más da? Existimos poco, y quien logra traspasar las columnas del Tiempo no puede contarlo.

Y también da igual, ya vendrán otros, pero nunca podrán decir del olvido que no existieron guerreros.

Índice

Cinta Métrica

Punzón

Este libro se terminó de editar en Granada
en octubre de 2024 por

Aliarediciones

www.aliarediciones.es
info@aliarediciones.es